Ibrahima Abdoulaye

FAATOUMA ARDO

Ibrahima Abdoulaye

FAATOUMA ARDO

Les Contes de Mahamane Tindirma

Éditions Muse

Imprint

Cover image: www.ingimage.com

Publisher:
Éditions Muse
is a trademark of
Dodo Books Indian Ocean Ltd., member of the OmniScriptum S.R.L Publishing group
str. A.Russo 15, of. 61, Chisinau-2068, Republic of Moldova Europe
Printed at: see last page
ISBN: 978-620-3-86578-3

FAATOUMA ARDO

Sommaire

Dans ce récit, Mahamane Tindirma nous raconte une histoire de revanche entre Faatouma Ardo et Hammadi Ardo, un jeune couple avili par un imposteur Boubou M'Barké.

Hammadi Ardo et Faatouma Ardo étaient frère et sœur du côté paternel, on dit dans un argot songhay des 'enfants-de-deux-hommes', autrement dit, des enfants de deux hommes nés du même père et de la même mère. Faatouma devint orpheline de père depuis le bas âge. L'aîné de son père, le père de Hammadi Ardo décida alors de l'adopter.

Le père de Hammadi avait un cheval très admirable que Hammadi aimait beaucoup. Il proposa à Hammadi de choisir entre le cheval et Faatouma. Hammadi choisit Barawal, le cheval. Ce qui vexa profondément la petite Faatouma.

Mais, quand Faatouma grandit, Hammadi tomba subitement amoureux d'elle et envoya son griot la demander en mariage. Avec le consentement de Faatouma, le mariage fut célébré. Devenue épouse de Hammadi, elle décida de prendre sa revanche en le punissant pour l'avoir vexée. Ainsi, elle lui dit qu'elle ne coucherait avec lui qu'à la seule condition de tuer son cheval bienaimé et de lui apporter le cœur. Hammadi aimait Faatouma, il aimait aussi l'équidé. Alors, il resta dans ce dilemme pendant six mois sans pouvoir se décider.

Un certain Boubou M'Barké qui résidait dans un village lointain entendit la nouvelle. Il chevaucha son cheval et se rendit au village de Hammadi. Boubou M'Barké tua Barawal, abusa de Faatouma puis retourna chez lui. Humiliée, Faatouma entreprit toute seule d'aller se venger de cet imposteur qui l'avait trompée et déshonorée. Après un long périple, elle retrouva en fin la personne qu'elle recherchait. Faatouma tua Boubou et emporta son cheval ainsi que ses organes génitaux à Hammadi, puis demanda publiquement pardon à son mari pour le tort qu'elle lui avait fait.

Allait-il lui pardonner ? La réponse de Mahamane Tindirma est la suivante : «Une femme que j'aime, même si elle a fait cinq maternités, je l'épouserai. Mais, une femme que je n'aime pas, même si elle est vierge, je ne l'épouserai pas. Telle est notre position par rapport à cette histoire, mais Dieu seul sait ce que pense tout un chacun».

Dr Ibrahima ABDOULAYE, Enseignant-Chercheur au DER-Anglais, FLSL/ULSHB.

Entre Faatouma Ardo et le cheval, Hammadi Ardo choisit Barawal

«Tout ce que nous allons raconter ce jour avait déjà été dit, et tout ce que nous ne pouvons pas dire aussi avait déjà été dit. Mais, jusqu' à la fin du monde, il y aura toujours de quoi raconter pour égayer les gens.»

Ce récit est une histoire qui avait eu lieu entre Faatouma Ardo, Hammadi Ardo et Boubou M'Barké depuis l'époque des héros peulhs appelée 'djiiri Ardo'[1].

Hammadi Ardo et Faatouma Ardo étaient des frères consanguins, c'est-à-dire des parents du côté paternel, dans un argot songhay, on dit des 'enfants-de-deux-hommes', autrement dit, leurs pères respectifs étaient des frères nés du même père et de la même mère.

Faatouma Ardo devint orpheline de père depuis le bas âge. L'aîné de son père, le père de Hammadi Ardo décida alors de l'adopter.

Le père de Hammadi Ardo avait un superbe cheval très admirable, de la race des «m'baaraagou-n'deedaagou-biri-sahal» qui n'avait pas de pareil dans toute leur contrée.

Quand Hammadi Ardo devint adolescent, il ne pensait qu'à chevaucher le cheval de son père pour aller faire la galanterie et le marivaudage au sein de sa génération. Mais, son père lui dit que, tant qu'il était en vie, il ne mettrait jamais la main sur le cheval.

«Un adage songhay dit que quand on achète un bonnet, c'est pour le mettre sur la tête. De même quand on met le prix du bonnet pour acheter du sel, c'est toujours pour la tête. Le bonnet et le sel sont donc tous destinés pour la tête, mais à des emplacements différents.»

Quand Hammadi Ardo devint pubère, son père voulait le tester pour voir s'il était vraiment devenu majeur. Il envoya son ami maabo[2] lui dire de faire un choix entre deux choses. Il lui offrirait l'une de ces deux choses. Mais, il prendrait seulement celle qu'il aurait choisie lui-même et laisserait l'autre. Et celle qu'il aurait choisie deviendrait sa propriété qu'il

---

[1] 'Djiiri Ardo' est une époque dans l'histoire du Mali dominée par des héros peulhs qui se faisaient illustrer en accomplissant des exploits héroïques dans leurs terroirs respectifs dans l'actuelle région de Mopti. Cette époque se situe entre le règne de Da Monzon Diarra de Ségou et la pénétration coloniale Française. Entre autres Ardos peulhs, on peut citer Hambodeedjo Ham Pate Yalla de Goundaka, Hamma Alhousseini Hamma Gaakoy, Djalaadjo Hambodeedjo, Boubou Ardo Gala de Néné, Ardo Silamaka, Hamidou Hamma Koulla Moussa de Djibo, Oumarou Wal de Bandiagara etc. 'Djiiri Ardo' avait précédé la Diina de Sékou Ahmadou Hammadi Boubou de Hamdallaahi qui était suivie de la domination du Fouta sous Elhadj Sékou Oumarou Tidiani Koda Adama-Aissa. La plupart du répertoire de Mahamane Tindirma porte sur des récits relatifs à des événements de cette époque.

[2] Griot en langue Fulfulde.

ne partagerait avec personne. Il dit au griot de lui dire d'aller voir 'Barawal' le cheval qu'il désirait tant chevaucher, et revenir à la maison voir sa sœur Faatouma Ardo, l'orpheline qu'il avait décidée d'adopter après la mort de son père. Des deux choses, celle qu'il allait choisir lui serait attribuée à jamais.

Faatouma était une petite fille qui était encore dans son enfance. Elle était très petite et très fragile on dirait du 'loumba-loumba'. «Loumba-loumba' est un fruit qui ressemble à une pomme possédant un nœud. Pour le manger, on le tient par le nœud, et après avoir mangé la chair, on jette le nœud restant.»

Hammadi se fit accompagner de son griot pour aller voir le cheval sous le hangar où il était attaché. Le cheval était bien dressé et bien entrainé. Dès qu'il entendait le bruit des pas de quelqu'un qui s'approchait de lui, il arrêtait de brouter et venait rencontrer la personne. Quand il approcha la personne, il s'arrêtait d'abord devant lui, puis se tournait à deux reprises pour lui donner une vue de profile de ses deux flancs, comme pour lui dire : «si tu es venu me voir, alors me voilà!». C'était un étalon exemplaire.

Hammadi fit le tour du cheval, puis dit :

- Ouf! Kou-sekké, ka-sekké, gala-sekké faaro ! Wallaahi, si on met sur toi la selle, les brides, les harnais, les rênes, et tout l'équipage au complet pour que je te chevauche ne serait-ce qu'un seul soir avant ta mort, je préférerai ton cadavre à tous les biens de ce monde et même à cette petite Faatouma! Le griot lui mit en garde :

- Hekkaye[3]! Mesure tes propos ! Sache que de tous les organes du corps humain, la langue est le plus important, car elle se trouve entourée par les dents qui sont à leur tour enveloppées par les lèvres. Mais, la langue peut dire des propos préjudiciables aux autres organes du corps humain. Alors, fais bien attention à ce que tu dis!

Après avoir vu le cheval, ils se rendirent ensuite chez Faatouma qui était en train de jouer avec ses copines. Hammadi s'approcha d'elle et la tint par le bras, puis se mit à la regarder longtemps de la tête aux pieds. Certains disent 'yournè' dans un jargon songhay pour cette façon de regarder quelqu'un. Ensuite, il lâcha son bras et dit :

[3] Fais attention !

- Wallaahi, si on met sur Barawal son équipage au complet pour que je le chevauche ne serait-ce qu'un seul soir et qu'il meurt après, je préférerai son cadavre que j'irai jeter parmi les ordures à cette petite Faatouma!

Stupéfiée par ces propos, Faatouma cessa de jouer et se mit à pleurer.

Le griot dit à Hammadi :

- Hammadi Ardo, ce que tu as dit est vraiment très offensant et inacceptable!

Hammadi répliqua au griot :

- Dans cette affaire, je n'ai vraiment pas besoin de l'avis d'un griot!

Tout en pleurant, Faatouma se rendit chez son oncle et lui dit :

- Ay babeeri[4], as-tu entendu ce que Samba vient de dire aujourd'hui ? Hammadi m'a humiliée, il dit qu'il préfère le cadavre du cheval à moi !
- Eh ! Alors, Faatouma, ne sais-tu donc pas que Hammadi Ardo est aussi son cousin à plaisanterie? C'était une blague ! Il le disait seulement pour plaisanter! Ne prends pas cela au sérieux! Allez, oublie cela, je t'en prie!

Le vieux, par sa sagesse, essaya de la convaincre à fin d'apaiser sa colère. Il semblait réussir à la calmer en fin.

«Une femme n'est pas à sous-estimer quelque soit son âge. Car, ce que femme veut, Dieu le veut. Et ce qu'elle ne veut pas ne se réalisera jamais.»

«Quand on dit qu'un tel homme est magnifique, c'est parce qu'il a une bonne épouse. Quand on dit aussi qu'une telle femme est magnifique, il s'agit de celle qui a un époux.

Quand on dit qu'un tel habit est magnifique, c'est parce qu'il va bien avec celui qui le porte.

Quand on dit qu'une telle personne est magnifique, il s'agit de celle qui s'habille décemment.

Quand on dit qu'un tel aliment est magnifique, il s'agit de ce qui est comestible.

Quand on dit qu'une telle personne est magnifique, c'est parce qu'elle mange bien.»

[4] Frère aîné de mon père.

«Il y a trois organes dans le corps d'un 'enfant-d'Adam[5]' qui déterminent le bon ou le mauvais caractère de l'individu. Ces trois organes sont couverts de peau blanche, mais n'ont pas de poils. Il s'agit de la langue, la paume des mains et la plante des pieds. Toutes les bonnes réalisations d'un 'enfant-d'Adam' dans la quête du bonheur et du bien ont été possibles grâce à l'œuvre de ces trois organes. De même, tout mal ou malheur qu'un 'enfantd'Adam' peut causer dans ce monde sont possibles grâce à l'œuvre de ces mêmes trois organes. Soit il dit du bien ou du mal par sa langue, soit il fait du bien ou du mal à l'aide de ses mains, soit il est parti vers le bien ou vers le mal à l'aide de ses pieds.»

«C'est certain que tout humain goutera à la mort, mais ce n'est pas certain que tout humain goutera à l'humiliation.»

Faatouma sécha ses larmes et se calma, mais elle ne pouvait pas oublier cet affront, car elle n'était plus une gamine qui pouvait vite oublier une telle offense très grave à l'égard d'une femme.

Entre Faatouma et le cheval, Hammadi choisit donc Barawal et le fit déménager dans sa nouvelle demeure dont la porte d'entrée donnait sur le fleuve. Il aménagea un enclos spécial pour l'équidé.

Chaque matin à l'aube, le cheval hennissait trois fois aussitôt que le muezzin commençait à faire le premier appel à la prière de l'aube pour réveiller les fidèles du quartier.

La porte de la pièce où habitaient Hammadi et son griot faisait face à l'entrée principale de la grande demeure qui, elle aussi donnait sur le fleuve de telle manière que, de l'intérieur de la pièce, on pouvait avoir une vue panoramique du cours d'eau et de la berge.

Hammadi Ardo envoie son griot demander Faatouma en mariage

Sur sa nouvelle monture, Hammadi Ardo et son griot partirent en aventure. Ils passèrent sept années sans retourner dans leur village. Ils se promenaient de village à village, de hameau à hameau, et n'avaient d'autres activités que de se livrer à des actes de brigandage et d'agression sur des populations qu'ils rencontraient tout au long de leur route.

Depuis le départ en aventure de Hammadi, Faatouma n'accomplissait que trois tâches dans la journée : se laver le corps, attacher son pagne pour s'habiller et boire du lait. Elle

[5] Vocable pour designer l'être humain en Songhay et dans certaines langues africaines.

ressemblait à 'kouttou-kouroutou' ('Kouttou-kouroutou' est une fleur ronde et grosse d'une plante qui pousse dans l'eau. Cette fleur est tellement fragile qu'il suffit de souffler d'un seul coup sur elle pour qu'elle se fende).

Le jour où Hammadi et son griot furent de retour au village, Faatouma était assise dans la cour de la demeure auprès de son oncle. Dès qu'ils s'approchèrent de l'entrée de la demeure, Hammadi dit au griot :

- Je vois une étrangère dans notre demeure.

Le griot répliqua :

- Non, c'est Faatouma, ta sœur !
- Non, Faatouma ne peut pas être aussi grande que celle-là !
- Pourtant c'est bien elle. Quelqu'un qui trouve de la bonne nourriture et qui se porte bien, qu'est-ce qui l'empêcherait de grandir ?

Depuis l'arrivée de Hammadi et son griot, chaque matin Faatouma se rendait dans leur pièce pour prendre leur jarre et partait la remplir d'eau au fleuve. Elle ne portait pas la jarre sur la tête, elle la prenait d'une seule main et marchait dans une démarche déséquilibrée qui faisait trembler tout son corps, et le poids de la jarre tirait son bras vers le sol.

«Selon un adage, dans le ventre de l'homme, dès que l'on enlève les petites cotes, les intestins doivent commencer à s'inquiéter, car ce sont elles qui leur servent de support. Les autres cotes qui se trouvent sous l'estomac ne supportent que le cœur, le foie et les poumons.»

Faatouma continuait ainsi.

Les seins de Faatouma étaient devenus des 'moul-gala-goula', c'est à dire des seins qui commençaient à s'incliner.

Un matin, Faatouma se rendit dans la pièce. Elle ne portait qu'un seul pagne qui la couvrait de la poitrine aux genoux, accoutrement qu'on appelle 'gandassakou' dans le jargon des femmes. Faatouma, croyant qu'ils ne s'étaient pas encore réveillés, prit la jarre et se dirigea vers le fleuve. Hammadi se réveilla. Couché sur la poitrine, il se mit à lorgner Faatouma qui était en train de partir vers le fleuve. Le modèle de tresse de ses cheveux s'appelait 'wessey' dans le jargon de la gente féminine, d'autres encore disaient 'saana-si-feeri'. Hammadi continuait à la regarder ainsi pendant longtemps.

Arrivée au fleuve, Faatouma se mit à se laver de la manière des les vieilles femmes qui consistait à entrer dans l'eau en retroussant le pagne jusqu'aux genoux et dès que la profondeur de l'eau pouvait couvrir la nudité, on s'asseyait dans l'eau en soulevant le pagne qu'on tenait ensuite dans une main. Quand Faatouma finit de se laver, elle remplit la jarre, puis retourna à la maison tenant le récipient d'une main et marchant dans une démarche déséquilibrée qui faisait trembler tout son corps. Au moment où elle franchit le seuil de la demeure, une rafale de vent souleva les pans de son pagne. Avant qu'elle ne réajusta le pagne pour couvrir ses seins, Hammadi, qui observait la scène, sentit soudain un coup de foudre lui bruler les yeux dont les pupilles se mirent subitement à grossir dans leurs orbites on dirait le gros piment que les bambaras appellent 'foronto baani'. Il avait l'impression qu'une forte chaleur se dégageait de ses yeux.

Faatouma vint déposer la jarre et repartit. Aussitôt qu'elle sortit de la pièce, Hammadi s'assit sur son séant et remarqua qu'il 'avait poussé un nombril' dans son pantalon. Brulant d'impatience, il tapotait le griot pour le réveiller. Quand ce dernier se réveilla, il lui dit :

- Lève-toi vite et va dire à mon père que c'est moi-même qui dis que je n'épouserai personne dans ce monde sauf Faatouma!

Le griot répliqua :

- Je n'ai pas de bouche capable de dire cela et je n'ai pas de langue qui puisse rapporter ce propos. As-tu oublié ce que je t'avais dit le jour où on était partis voir le cheval, et ce que je t'avais défendu de dire quand on était revenus voir Faatouma? Je n'ai pas de verbe pour faire ce message-là!

Furieux, Hammadi somma le griot d'un ton sévère :

- Si tu ne vas pas faire ma commission, ne me considère plus comme ton ami !

«Ce n'est pas du tout facile à un 'enfant-d'Adam' de rompre avec une relation dans laquelle il trouve du profit. De telles relations méritent toujours être préservées» Alors, le griot se chaussa et alla voir le vieil homme. Il lui dit :

- Abba !
- Naam !
- Je suis porteur d'un message qui est un message d'adultes et de sages, un message contenant une bonne annonce, une nouvelle très agréable à entendre ! Hammadi m'envoie te dire que si tu as déjà une proposition de mariage pour lui, ou s'il y a une candidate qui s'était proposé, lui, il ne voudrait épouser personne autre que sa sœur Faatouma. Il ajoute aussi que s'il ne l'épouse pas, il quittera ce village pour toujours !

Très sage, le vieux ne donna aucune suite au message du maabo. Mais, envoya quelqu'un à l'étage pour appeler Faatouma. Cette dernière vint répondre à l'appel de son oncle. Elle vint près du vieux et fit le 'djoorédi-nda-berdjedi', un argot pour décrire la manière dont s'assoient les grosses femmes trop lourdes qui s'appuient d'abord sur les genoux puis posent les fesses sur les talons, plantant ainsi le revers des pieds dans le sol pour supporter l'énorme poids du corps.

«Un petit conseil de sage aux hommes: si une femme te trouve debout et te donne une tape puis se met à courir, ne la poursuis pas. Si vraiment c'est une femme, elle ne peut pas défier un homme à la course puis se mettre à courir devant lui. Car, elle n'est pas un lapin, ou un pur-sang ou une biche, mais plutôt un être humain bipède. Il ne sied vraiment pas à une femme de défier un homme dans une compétition de course comme font les enfants qui jouent au 'teeba[6]'. Au contraire, quand un homme donne une tape à une femme et se met à courir, elle ne peut qu'implorer Dieu pour se venger, car elle sait qu'elle ne pourra pas le rattraper en le poursuivant. Donc, ne cours jamais après une femme qui te donne une tape et te défie à la course, car ce n'est pas une femme. Si tu la mets dans une bascule, tu seras surpris de voir un poids si léger.»

Le vieux dit à Faatouma :

- Faatouma !
- Naam !
- Maintenant que tu es là, écoute bien ce que dit le maabo.

Le griot reprit :

---

[6] Sorte de jeu d'enfants consistant à taper quelqu'un et courir devant lui comme pour lui dire «attrape-moi si tu peux »

- Abba, Hammadi m'a chargé de te dire qu'il ne veut prendre aucune femme comme épouse si ce n'est Faatouma.

Le vieux dit à Faatouma :

- Faatouma, a nanii na ?
- J'ai bien entendu !

- Ton défunt père et moi sommes des frères nés du même père et de la même mère. Nous sommes du même sang et avions tété le même sein. Tu es une orpheline maintenant et tu es sous ma responsabilité, mais tu n'épouseras aucun homme que tu n'aimes pas. Alors, réponds au griot !

Faatouma :

- Abba, je n'aime personne au monde comme époux si ce n'est Hammadi. C'est à défaut de Hammadi que je pourrais accepter un autre homme.

Le vieux dit au griot :

- Va dire à Hammadi que son mariage avec Faatouma sera célébré ce vendredi.

Faatouma jure à Hammadi qu'elle ne couchera avec lui que s'il tue Barawal son bienaimé

Dans la variante koyraciini de la langue songhay, nous, Mahamane Tindirma, avons observé certaines expressions et tournures dont les connotations ne désignent rien que de l'euphorie, par exemple :

«Suba-subo, ay binoo mana tun ga jawndi ye ŋaa» (Ce matin, je n'ai pas pu manger parce que je n'avais pas d'appétit). L'expression songhay 'ay binoo mana tun' veut dire littéralement 'mon cœur ne s'est pas encore levé' autrement dit 'je n'ai pas d'appétit'.

« Haya filanoo na agoorasu dam ay ga » (J'ai fait une indigestion après avoir mangé un tel aliment.)

«Ay na hew kar» ou «Ay fur few» (Je suis ballonné)

«Ceefa zaati bara ay binoo boŋ » (J'ai vraiment un haut-le-cœur).

En effet, nous trouvons que tous ces propos sont des discours qui supportent le régal, l'abondance et l'excès de nourriture. Sinon, celui qui fait trois jours sans manger n'aura pas un haut-le-cœur, ne fera pas d'indigestion et sera pas ballonné non plus. Son appétence s'aiguise vivement, et son 'cœur n'est pas seulement haut', il se lève et se dresse sur ses pieds. En plus, il devient surexcité et soulève ses mains quand il voit des convives en train de manger.»

Le mariage fut donc célébré le vendredi. On organisa à l'occasion une grande fête. Après les festivités du mariage, la nuit, Faatouma venait dormir dans la demeure de Hammadi. Puis, le matin, elle se rendait dans la grande demeure de son oncle pour y passer la journée. Les mariés passèrent ainsi les sept jours de noce selon les coutumes et les traditions.

Après les noces, Hammadi et Faatouma continuaient à se retrouver chaque nuit dans la petite pièce de la demeure de celui-ci. Mais, chaque fois qu'il s'approchait de Faatouma pour poser sa main sur son 'baggaloo' afin de caresser son 'algouloubou-ilalgoubou, taamatou-ilataamatou-ilalgouloubou', cette dernière éclata de rire et lui dit :

- Hammadi Ardo, ton père et mon père sont des frères nés du même père et de la même mère. Mais, ta mère et ma mère ne sont que des femmes peulhs ayant un ascendant commun et qui se sont retrouvées dans la même famille grâce aux liens sacrés de mariage. En vertu de cette relation sacrée entre nos deux mères, si tu ne tues pas ton cheval bienaimé de tes propres mains, tu l'éventres et tu m'apportes son cœur que je vais tenir dans mes mains jusqu'à ce qu'il se refroidisse, je ne coucherai jamais avec toi, je resterai toujours ta sœur !

Hammadi dit à Faatouma qu'il n'allait jamais tuer Barawal de ses propres mains et sortit de la pièce, laissant Faatouma toute seule sur la natte conjugale. Faatouma ne le rejoignait pas. Hammadi, non plus, ne revenait plus dans la pièce la nuit et partait dormir ailleurs, tout seul.

Ils continuaient ainsi pendant quelques temps. Au début, personne n'était au courant de cela. Un jour, Hammadi se confia à son griot :

- Ouŋ ! Tu sais, tu dois parler à ton amie-là … tu sais … parce que depuis qu'on s'est marié… tu sais … je … je …. ton amie-là, tu sais, elle refuse … tu sais, parle donc vraiment à ton amie !

Le griot avait compris. Il alla voir Faatouma pour la dissuader et lui dit :

- Faatouma, ma chérie …

Et Faatouma de l'interrompre :

- Kay[7] ! Ce que tu veux dire, si tu ouvres la bouche pour le dire, je nierai les relations sacrées entre maabos et nobles peulhs ! Tu as oublié que tu étais avec Hammadi le jour où vous étiez venus me voir avec des propos outrageux ! Alors, si tu es un griot qui se respecte, ne te mets pas entre Hammadi et moi, sinon je te créerai des ennuis !

Le griot avala ses salives et repartit. Car, comme on le dit, «il ne sied pas à un mendiant qui demande de l'aumône de dire que celle qui a préparé le repas ne sait pas bien faire la cuisine. Un mendiant qui dit 'daala gariibou' doit prendre l'aumône qu'on lui donne, s'il le veut, et s'il n'en veut pas, il peut le laisser et partir sans mot dire. Ce n'est pas à lui de dire qu'il y a eu excès de sel ou peu de condiments.» Alors, le griot se tut et s'en alla.

La nouvelle qui était au début méconnue de tous fut vite répandue dans tout le village. Tout le monde en parlait et personne n'avait la solution.

Ainsi, chaque nuit, quand Hammadi s'approchait de Faatouma, elle lui répétait les mêmes propos. Des fois, Hammadi se décida d'en finir avec le problème. Il prenait son sabre et se dirigeait vers le hangar où était attaché Barawal. Mais, quand l'équidé le voyait venir, il arrêtait de brouter, et vint le rencontrer en dansant. Alors, Hammadi dit :

- O-of ! Kou-sekké ka-sekké, gala-sekké haari bonji, bonji heeji! Je ne te tuerai jamais de mes propres mains!

Il remit le sabre dans sa gaine et retourna ensuite se coucher seul.

Ils demeuraient ainsi pendant six mois.

L'imposteur Boubou M'Barké tue Barawal et abuse de Faatouma

Un jour, des griots-bambaados qui se promenaient de village en village pour quémander vinrent dans le village de Hammadi Ardo. Ils apprirent la nouvelle entre Hammadi et son épouse avant de s'en aller le lendemain pour un autre village.

«Les bambaados sont des griots en milieu peulh qui rapportent en toutes circonstances tout ce qu'ils ont vu ou entendu avec des encensements et des compliments souvent trop excessifs pour flatter et honorer les heureux événements ou diffamer et déshonorer les malheureux événements».

[7] Arrête!

Dans leur longue balade, les bambaados vinrent dans la contrée où se trouvait le village de Boubou M'Barké.

Boubou M'Barké était réputé pour sa bravoure d'affronter et d'exécuter tout ce qui était infaisable ou difficile à résoudre dans leur contrée et au de-là.

Boubou M'Barké et son griot avaient entendu le récit de Hammadi Ardo et de Faatouma Ardo que les bambaados avaient rapporté dans leur village. Il dit à son griot :

- As-tu appris la nouvelle ?
- Si, je l'ai apprise.
- Il n'y a personne dans ce monde qui puisse trouver une solution à ce problème sauf moi, Boubou M'Barké !

Boubou fit comprendre à son griot que la distance entre leur village et celui de Hammadi Ardo devrait être de deux jours de marche à cheval. Mais, avec son cheval qui était en pleine forme, il allait pouvoir partir vers le petit soir pour accomplir sa besogne et revenir le lendemain matin. Ensuite, il ajouta :

- Alors, toi qui es mon griot et mon ami, ne dis rien à personne si on te demandait.
- Sans souci !

Le lendemain, Boubou prépara discrètement son voyage. Vers le soir, il alla abreuver son cheval de la race Barawal. Ensuite, il revint préparer la selle, les harnais, les brides et les rênes du cheval avec tout l'équipage complet. Il intima au griot que personne ne devait savoir là où il allait partir sauf Dieu et lui qui était son unique complice. Puis, il s'en alla au village de Hammadi Ardo.

Depuis le soir qu'il avait lancé le cheval au galop, il ne s'était pas arrêté un instant jusqu'au milieu de la nuit où il parvint au village de Hammadi Ardo. Il se promena dans tout le village dans l'espoir de rencontrer quelqu'un qui allait lui montrer la maison de Hammadi Ardo, en vain. Finalement, il apercevait un berger peulh qui gardait son troupeau et qui était couché sur son dos dans un grand enclos en train de jouer sa petite guitare monocorde. Il l'apostropha :

- Poullo sedi !

- W'Alhamdourillaahi !
- Pouvez-vous m'indiquer la maison d'un ami qui s'est marié l'an passé. Nous sommes de très bons amis. Je me suis marié avant lui et il m'avait envoyé à l'occasion un cadeau de mariage très impressionnant. Je suis vraiment redevable envers lui. Et c'est seulement ce soir que j'ai appris qu'il s'est marié. Alors, je voudrais ce soir même lui faire une grande surprise à fin de m'acquitter de cet engagement. Voilà ce qui m'a amené ici !

Ainsi, le berger peulh se leva et le conduisit jusqu'à l'enceinte de la demeure de Hammadi Ardo, puis lui indiqua avec précision :

- Voilà la maison de Hammadi. La petite pièce que tu vois là est celle dans laquelle il rencontre sa femme la nuit, mais lui-même il n'y passe pas la nuit. Il dort dans la pièce qui est juste à côté. Sa femme ne dort pas avec lui, car, sa femme lui avait exigé de faire quelque chose dont vous n'êtes peut-être pas au courant… (Boubou lui fit vite signe qu'il n'en savait rien) … alors ils sont en séparation depuis et il dort seul là dans cette pièce, sa femme reste toujours dans l'autre jusqu'au matin avant de regagner la grande demeure de son oncle pour y passer la journée.

Boubou remercia vivement le peulh pour tous les détails qu'il lui avait donnés, ensuite ce dernier retourna garder son troupeau. Le cheval de Boubou et celui de Hammadi se ressemblaient beaucoup on dirait deux moitiés d'une même calebasse. Boubou entra dans la demeure, tirant les brides de son cheval à la main qu'il vint attacher ensuite sur un bois planté dans la cour. Hammadi était déjà parti se coucher et s'était endormi dans sa pièce après son traditionnel entretien avec sa femme qui tenait toujours à ce qu'il tuait Barawal. Il faisait très obscur. Boubou entra dans la petite pièce et dit d'une voix basse et discrète à Faatouma :

- Ainsi, Faatouma, tu tiens vraiment à ton aveu ?
- Wallaahi, je n'y renoncerai jamais !
- Alors, Faatouma, je m'en vais tuer Barawal ce soir, mais je veux que cela reste un secret entre toi, moi et Dieu !
- Cela ne regarde que toi seul!

Boubou s'en alla vers le hangar du cheval. Ce dernier, croyant que c'était Hammadi, vint le rencontrer comme d'habitude en dansant. Boubou prit son épée et coupa les deux pattes antérieures de l'équidé qui s'écroula sur le sol. Ensuite, il l'égorgea et l'éventra. Puis, il plongea sa main dans les entrailles et y tira le cœur. Tenant l'organe dans ses deux mains, il se dirigea vite vers la petite pièce où se trouvait Faatouma et lui dit avec enthousiasme :

- Faatouma, hoto jongo maa wani[8] ?
- Voici ma main!

Il posa l'organe dans sa main. Faatouma le tint jusqu'à ce qu'il se refroidit. Ensuite, il prit de l'eau dans la jarre et lui lava la main, puis dit :

- Aï-wa ! En fin, Barawal est mort ce soir !

Boubou M'Barké «entra dans le canal de bakou», puis «sortit et entra dans celui de barkar-kaabé» et «se noya en fin dans les profondeurs du gounanbou». Le cheval était en sang et sans vie sous le hangar, Faatouma aussi était en sang et presque sans vie dans la petite pièce. (Avez-vous compris cette parabole?).

Après avoir exécuté sa besogne, Boubou ressortit de la pièce, détacha son cheval et le tira dehors. Quand il fut hors de la demeure, il mit les brides du cheval entre ses pattes antérieures et les passa autour de la selle. Ensuite il serra les harnais et tira les rênes du cheval, puis s'en alla au galop.

Barawal avait l'habitude de hennir à trois reprises chaque fois que le muezzin lançait le premier appel à la prière de l'aube pour réveiller tout le quartier. Ce soir-là, il n'avait pas henni après l'appel.

Vers le lever du soleil, Hammadi, qui attendait toujours le hennissement du cheval pour se lever, se tint debout brusquement en voyant les lueurs du soleil et se précipita vers le hangar. Il trouva que des fourmis entraient et sortaient des narines de Barawal, son ventre ouvert. Il s'indigna et dit:

- O-of ! Quel malheur odieux à Barawal ! Qui a pu tuer donc mon cheval?

Vite, il accourut voir Faatouma qui était toujours couchée au même endroit et lui dit :

[8] Où est ta main?

- Faatouma, sais-tu qui a pu tuer Barawal ?
- Hammadi, ne me raconte pas des histoires ! Ce qui a tué Barawal n'est pas un secret à aucun de nous deux. Regarde, je suis toujours restée là où tu m'as laissée hier soir ! Et je me réjouis en fin que tu as accompli mon vœu ! Je suis toujours sous le choc d'avoir perdu ma virginité et depuis que tu m'as quittée, je n'ai même pas pu me lever pour regagner la grande demeure !
- O-of ! Quelle honte ! Faatouma, tu m'as déshonoré et tu t'es déshonorée !

Cela dit, Faatouma se leva et se tint vite debout.

«Selon les coutumes et traditions de nos terroirs, quand une jeune fille passe sa première nuit de noce avec son mari, le lendemain ses mamans se rendent au lieu dès le matin avant qu'elle ne lève de la natte conjugale avec leurs griottes pour la féliciter d'avoir gardé sa virginité et fêter l'heureux événement. Ainsi, la jeune fille reste toujours couchée sur la natte en attendant que les griottes viennent constater le fait en exhibant fièrement ses habits blancs tachetés de sang. Mais, de nos jours, si la fille «avait déjà échangé sa virginité contre quelques pièces de monnaie» avec les jeunes garçons dans le quartier avant son mariage, le jour de sa noce, elle se réveille la première pour faire sa toilette et laver ses habits avant que quiconque ne vienne. D'autres se mettent même à préparer le petit déjeuner».

«Tout ce que nous racontons ce jour avait déjà été raconté, mais, il y aura toujours quelque chose à raconter aux gens jusqu' à la fin du monde.»

Tout le village s'était regroupé pour faire sortir Barawal et aller l'enterrer. La nouvelle fut vite répandue dans tout le village que Barawal, le cheval bienaimé de Hammadi était mort, mais ce dernier le regrettait et se plaignait de ne l'avoir pas tué lui-même.

Hammadi s'en voulait à lui-même et regrettait quatre choses qui le chagrinaient. La première chose qu'il regrettait était d'avoir dit de sa propre bouche les propos outrageux à sa sœur. La deuxième amertume était qu'un autre homme était venu jusque chez lui profiter de la virginité de son épouse à sa place. La troisième tristesse était que son cheval bienaimé avait été tué par un inconnu. Et la quatrième et dernière tristesse qui l'accablait le plus était que tout le monde l'accusait unanimement d'être le seul et unique auteur des faits, et pensait qu'il se faisait passer pour l'innocente victime devant le publique. Car, les faits étaient vraiment têtus, disaient certains :

- Woo na ti har□aafindiyateray wala ! Nous prend-t-il pour des cons ! Qui pouvait oser entrer dans sa demeure, tuer son cheval, profiter de sa femme et repartir sans qu'il ne s'en aperçût ! C'est superbe !

Quand le berger peulh qui avait conduit Boubou dans la demeure de Hammadi était revenu du pâturage, il fit assembler tout le village et leur fit savoir que c'était lui-même qui avait conduit le coupable dans la demeure de Hammadi en lui montrant la pièce dans laquelle Hammadi dormait et celle où se trouvait sa femme. Il leur fit savoir aussi que le coupable avait un cheval qui ressemblait beaucoup à celui de Hammadi. Ensuite, il expliqua qu'il ne connaissait pas son nom, mais l'inconnu était venu à lui avec des bonnes intentions qui l'avaient convaincu de lui montrer la maison de Hammadi, car un étranger qui vint tardivement dans un village et qui dit le nom de son hôte, comment ne pas pouvoir l'aider en lui montrant le lieu, se justifiait-il.

Faatouma vint trouver Hammadi assis et lui dit :

- Hammadi !
- Naam !
- Je voudrais que tu m'accordes une autorisation d'absence d'un mois pour aller chercher une bonne coiffeuse dans les voisinages pour me tresser les cheveux.
- Si tu veux, tu peux y faire un an !

Hammadi était si affligé qu'il ne se contrôlait plus. Faatouma alla voir son oncle et lui dit :

- Abba ! J'ai demandé à Hammadi de m'accorder un mois pour aller me coiffer, il me dit de faire un an si je le veux ! Mais, ce qui est fait est déjà fait !
- Cela veut dire qu'il est d'accord que tu partes, n'est-ce pas? ➢ Aï-yo !

Le vieux entra dans sa pièce puis sortit avec cent grammes d'or et lui dit :

- Tiens ! Ceci est le prix de ta coiffure ! Va là où tu peux trouver une bonne coiffeuse pour te tresser les cheveux comme tu veux !

Faatouma entreprend d'aller se venger de Boubou M'Barké

Faatouma se prépara pour se mettre en route à la recherche d'une bonne coiffeuse. Elle prit quelques vêtements. Elle prit aussi le coutelet de Hammadi qu'elle amena chez le plus grand forgeron du village pour l'aiguiser. Elle enleva dix grammes des cent grammes d'or que son oncle lui avait offerts et les donna au forgeron comme prix de travail. Dix grammes d'or, rien que pour aiguiser un petit couteau, le forgeron ne s'en revenait pas. Il mit de côté tous les autres travaux, et, tel un Bella en train couper du 'kondji[9]', il se mit à affuter le petit fer jusqu'à ce qu'il soit devenu très tranchant on dirait 'la langue d'un mounaafiqui[10]'. Faatouma le mit dans son panier et partit.

Ainsi, Faatouma se rendait partout où se trouvaient des Ardos. Partout où elle se rendait, elle allait s'installer chez le chef de village.

Il était de coutume dans nos villages que lorsqu'une jeune étrangère se rendait dans un lieu, tous les jeunes du village se réunissaient pour lui réserver un accueil chaleureux et lui faire des propositions de candidature parmi les jeunes garçons présents. L'événement s'appelle en langue songhay 'foussa'. Les candidats ainsi proposés étaient tenus d'offrir à l'honneur de leur hôte des présents que leurs griots apportaient et présentaient. Ensuite, toute la foule se retirait laissant seulement les candidats auprès de la fille. Alors, commençait une autre cérémonie traditionnelle, la cérémonie de 'ditta-tchérè', ou 'élection du candidat de la fille', un choix qu'elle-même devait faire entre les candidats prétendants. En fin, le candidat que la fille aurait choisi serait l'heureux élu et resterait seul auprès d'elle le reste de la nuit.

Partout où Faatouma se rendait, quand les jeunes se rassemblaient pour lui organiser une cérémonie de 'foussa', elle leur dit qu'elle n'était pas venue pour des cérémonies de 'foussa'. Elle cherchait un homme brave et courageux qui pouvait l'épouser. Un homme capable de se défendre et de la sauver en cas d'attaque d'ennemis, car leur village venait d'être détruit par une armée ennemie. Elle s'était sauvée grâce à ses deux pieds. Donc, elle ne cherchait qu'un mari qui devrait d'abord lui montrer la preuve qu'il avait vaillamment accompli un événement grandiose dans sa jeunesse qui pouvait lui valoir le mérite d'être appelé Ardo.

Ainsi, certains jeunes prétendants se précipitaient à faire du baratin :

- Moi, je me suis battu un jour avec une très grosse hyène!

[9] Plante dont les feuilles servent à confectionner les nattes , les paniers, ou les sacs.
[10] Personne qui calomnie, médit, dénigre et diffame les autres par des mensonges et des fausses accusations.

- Quant à moi, j'ai tué le lion indomptable qui nous coupait la route !
- Moi, j'ai terrassé un éléphant devant tout le monde derrière le village !
- Moi, j'ai fait un tel ...

Chacun disait ce qu'il avait fait. Mais, Faatouma leur fit comprendre :

- A-ah ! Certes, vous vous êtes montré assez braves, mais tout ce que vous dites là n'est pas assez suffisant pour me convaincre que vous pouvez combattre une armée et me sauver en cas d'attaque !

Faatouma s'était ainsi rendu dans plusieurs villages et tenait les mêmes propos partout dans l'espoir de retrouver celui qu'elle cherchait. Elle continuait alors son périple jusqu'au jour où elle arriva dans le village de Boubou M'Barké. Comme d'habitude, elle s'installa chez le chef de village. Ensuite, elle fit assembler tout le village et tint son discours pour leur faire savoir la raison de sa venue dans leur village. Le griot de Boubou M'Barké lui dit :

- As-tu entendu ce qu'elle a dit ?
- Si, j'ai bien entendu.
- As-tu bien regardé cette femme ?
- Je ne sais pas ce qu'elle veut, mais je la trouve très belle !

Boubou alla voir sa famille et leur dit qu'il avait vu la femme idéale qu'il voulait épouser. Il ajouta qu'il allait révéler devant tout le monde le scandale qu'il avait récemment fait que personne n'en était capable dans ce monde.

Boubou revint vers l'assemblée et dit à Faatouma :

- Ma sœur ! ➢ Naam !
- Je vais te dire quelque chose que j'ai fait récemment que personne n'est à mesure de faire dans ce village. Je ne sais pas si tu as entendu parler d'un certain Hammadi Ardo ?

Faatouma répliqua :

- A-ah ! Non du tout ! Le village de ce Hammadi Ardo est un village très loin du notre !

Boubou continua :

- Ce nommé Hammadi Ardo a épousé sa sœur consanguine, c'est à dire leurs deux pères respectifs sont ascendants des mêmes parents. Ils ont vécu six mois en séparation de corps. Car, sa femme avait exigé de lui de tuer son cheval bienaimé et de lui offrir le cœur comme seule et unique condition pour qu'ils couchent ensemble, sinon elle ne serait jamais son épouse, mais seulement sa sœur. Il y a deux jours de marche à cheval entre notre village et celui de Hammadi Ardo, mais j'ai quitté ici un soir et je suis rentré dans leur village tard dans la nuit. J'y ai trouvé un berger peulh qui m'a conduit vers leur demeure. Je suis entré dans la demeure, j'ai trompé la vigilance de la femme. Puis, je suis parti tuer le cheval et revenu coucher avec la femme. Ensuite, je suis retourné ici tôt dans la matinée. Mon cheval est là, attaché dans notre demeure. Alors, en cas d'attaque d'ennemis, je peux me sauver et sauver ma femme à dos de mon cheval qui court comme l'éclair!

Faatouma dit :

- Hé ! Mon frère, un cheval ne peut pas faire ce que tu dis, même à vol on ne peut pas faire cela du soir au lendemain !

Le griot de Boubou se leva et dit:

- Wallaahi ! Il a fait cela ! Tout le village peut témoigner que son cheval est capable de le faire !

Et tout le monde confirma qu'il pouvait bien le faire.

Faatouma dit avec enthousiasme :

- Alors, c'est toi que je veux mon frère. Et je ne te veux pas comme un petit ami, mais plutôt comme époux !

Faatouma retrouve enfin l'imposteur Boubou M'Barké

En fin, Faatouma retrouva la personne qu'elle recherchait. Elle demanda de célébrer le mariage sans parrainage et sans témoignage.

«La vie terrestre est comme un marché. Un marché n'est jamais stable. La vie non plus n'est jamais stable. Chacun se débrouille à faire de sorte que sa vie soit stable.»

«A menti celui qui dit que la vie terrestre n'est pas agréable. Il le dit tout simplement parce que lui, il n'a pas eu une vie agréable. Aussi, celui qui dit que le monde est gâté, c'est parce qu'il se trouve du côté qui est gâté.»

«L'égoïsme est un vice très détestable. Même quand tu partages la même gorge avec un égoïste, il la coupe pour verser l'eau sur ta poitrine plutôt que de te voir boire par le même canal que lui. Que Dieu nous préserve des égoïstes ! Tout ce que Dieu a créé dans ce monde peut vieillir et changer au fil du temps sauf l'égoïste, il ne changera jamais.»

Faatouma ne voulait engager la responsabilité de personne dans ce mariage. C'était pour cela qu'elle avait expressément demandé de célébrer le mariage sans témoins et sans parrains qui pourraient répondre de quoi que ce soit après. Elle dit que ce mariage n'engageait qu'elle seule. Elle insista aussi que la dot soit payée uniquement en or, car c'était une pièce très précieuse et moins encombrante à transporter en cas d'attaque d'ennemis.

Au sein de l'assemblée, était assis un vieux 'Djooran'[11] qui poussa un long et très fort soupir qui ne présageait rien qu'un signal d'avertissement exprimant clairement le doute et la méfiance. Alors, on lui demanda la raison de son soupir :

- Djeddo[12], pourquoi soupires-tu ainsi ?

Il répliqua que personne ne lui avait impliqué dans l'affaire, alors, à quel titre allait-il parler.

«Wallaahi, se disputer ne veut pas dire : 'je te ferai ceci par ma main, je te ferai cela par mon pied', cela n'est que de la bestialité. Ou encore 'je t'insulte le père par-ci, j'injurie ta mère par-là'. Non, cela n'est pas une dispute, mais plutôt de la grossièreté. 'Oui, on s'est disputé, et depuis l'an passé on ne se parle pas', cela non plus n'est pas une dispute, mais plutôt de la rancune et de la malveillance. Etant à Gao, l'on peut se disputer avec un adversaire se trouvant à Kayes et le terrasser jusqu'à mettre de la poussière dans ses yeux, car c'est l'intelligence la véritable arme de combat qui permet de vaincre un adversaire sans même être en contact physique avec lui.»

Le mariage fut donc célébré. Boubou s'acquitta de toutes les obligations de mariage qu'exigeaient la tradition et les coutumes. Bien qu'il fût d'une grande famille avec de

[11] Classe de peulhs souvent appelés 'Djaawando', 'Djogoramé' ou 'Zooran' selon les langues locales. [12] Autre appellation familière des mêmes peuls "Djoorans' ou 'Djogoramé'.

nombreux frères et sœurs, Boubou s'était isolé des siens, en construisant sa propre demeure derrière le village et loin des autres. Et c'était là que se trouvait son cheval.

Le village avait une autre coutume après les sept jours de noce qui était une obligation à tous les jeunes couples. La coutume consistait à amener de la viande d'un petit ruminant, du riz, des condiments et du bois de chauffe dans la nouvelle demeure des mariés. On demandait alors à la nouvelle mariée de se lever dès l'aube pour préparer un repas que les amis et proches du marié allaient manger dans la journée. L'objectif principal de cette coutume était de voir si la nouvelle mariée savait bien faire la cuisine. Si c'était le contraire, on dirait au marié qu'il avait de la chance de trouver une bonne épouse. Et si tel n'était pas le cas, on lui dirait de prendre garde, car une femme qui ne sait pas faire la cuisine, tout ce qu'elle prépare pour son époux contribuera à le rendre malade.

Après les sept jours de noce, Boubou et son épouse déménagèrent dans leur demeure derrière le village. On avait apprêté et apporté tout le nécessaire pour le festin traditionnel du lendemain, à savoir la viande, les condiments, le riz et le bois de chauffe. Les amis et les parents les y avaient accompagnés la nuit et étaient restés auprès d'eux jusqu'à un moment tardif dans la nuit. Après leur départ, Boubou et son épouse se mirent à jouer les amoureux, ils se câlinaient et se chouchoutaient. Faatouma lui dit très intimement :

- Boubou M'Barké !
- Naam !
- Tu sais, on ne traite pas son épouse comme on traite sa petite copine qui s'empresse la nuit de rentrer à la maison dès que les coqs commencent à chanter. Car, le mariage est une union à vie. Alors, pourquoi es-tu si pressé ! On peut attendre demain soir, on sera alors beaucoup plus libres. De plus, je dois me réveiller tout de suite pour prouver à tes amis que je sais faire la cuisine, et j'espère que tu seras très fier de moi !Avant de continuer notre récit, nous voulons vous prodiguer quelques conseils :

«Il y a quatre choses que l'homme doit aborder avec discernement et selon ses capacités et moyens. Il s'agit de la prière, la nourriture, la quête du bien-être et le mariage.

Sauf la mort, rien ne peut dispenser un individu de la nourriture. Qu'un individu ait deux cent ans de vie, il a toujours besoin de se nourrir. Qu'il ait seulement une nuit de vie, il a besoin de se nourrir. Que l'on mange tout de suite, on aura toujours besoin de manger les heures et jours suivants. Alors, mangeons donc avec mesure et selon nos moyens. Ne mangeons pas avec cupidité jusqu'à ce que les gens fassent la remarque. La nourriture est un besoin éternel.

Dans la quête du bien-être, quand quelqu'un dit 'Je veux aller à Ségou ce soir chercher quelque chose. De retour, je vais à Kolokani. S'il plait à Dieu, ce dimanche, je vais à Kayes pour une affaire très importante. Et à mon retour, je vais à Diré' ; sachons que Dieu n'accorde à 'l'enfant- d'Adam' que ce qu'Il lui a déjà prédestiné. Alors, cherche le bien-être selon tes moyens; ne te surpasses pas. Car, quoique tu fasses, Dieu ne te donne que ce qu'Il veut. Si des milliers d'employés travaillent pour toi seul, Dieu peut t'éprouver à tel point que toute ta richesse ne puisse te tirer de cette épreuve. Alors, que tu cours, ou que tu s'assieds, Dieu ne te donne que ce qu'Il veut.

Quant à la prière et à l'adoration de Dieu, fais les comme Dieu t'a recommandé de les faire et selon tes possibilités. Si tu peux aller à la mosquée à pieds pour adorer Dieu, vas-y. Si tu peux y aller en voiture, vas-y. Si tu ne peux pas du tout y aller, alors prie chez toi à la maison, adorant le Tout Puissant et Miséricordieux dont tu n'es qu'un serviteur et un soumis, et remets-toi à Dieu, c'est Lui ton Protecteur et ton Pourvoyeur.

Pour ce qui concerne le mariage, marie-toi selon tes moyens, ne te surpasses pas. Ne suis pas cet exemple d'un nouveau marié, qui, les premiers jours de son mariage se vantait chaque jour devant son épouse en lui comblant de divers cadeaux et joyaux, et lui apportant le soir des mets délicieux et de la viande grillée. Un jour, ils se sont disputé tout simplement parce qu'elle lui avait dit qu'elle manquait de sel. Manquer de sel ne vaut pas la peine de se disputer quand même, et pourtant c'était lui qui la gâtait auparavant en lui apportant ce qui n'était même pas nécessaire. Ainsi, il lui dit: 'Ne t'avais-je pas dit de m'avertir à temps quand quelque chose manque ? Alors, si le sel manque, il va manquer car je n'ai rien !' Donc, s'il avait commencé à faire selon ses moyens, le jour où il allait manquer de moyens, elle le comprendrait. Dieu n'impose à personne de se surpasser. Alors, dans toute entreprise, l'homme ne doit jamais aller au-delà de ses capacités. Et Dieu n'a créé aucun être qu'Il n'a pas pourvu de moyens de subsistance, mais les moyens de subsistances des individus diffèrent, car les individus eux-mêmes diffèrent : Certains sont créés plus grands que les autres, d'autres sont créés plus courts que les autres. Certains sont créés plus beaux que les autres, d'autres sont créés plus vilains que les autres. Certains sont créés plus doués que les autres, d'autres sont créés avec un esprit plus lourd et borné que les autres. Certains sont créés plus riches que les autres, d'autres sont créés plus pauvres que les autres. Certains sont créés plus blancs que les autres, d'autres sont créés plus noirs que les autres. Certains sont créés plus gros que les autres, d'autres sont créés plus minces que les autres. Alors, à chacun ce que Dieu lui a déjà prédestiné.»

Faatouma tue Boubou et emporte son cheval

Il était minuit passée de quelques heures. Boubou M'Barké qui était dans un sommeil très profond se retourna sur le dos et continuait à dormir. C'est la période de la nuit pendant laquelle tout individu sain et normal dort dans un sommeil profond. On dit souvent que c'est la période de la nuit pendant la quelle un des fils d'Ibilis appelé 'Dourra' soulève une petite rafale fraiche appelée 'tchoomine-ndiini' qui caresse et radoucit le cœur des dormeurs et les plonge dans des longs rêves formidables. Ce fut le moment que Faatouma attendait avec patience. Elle fit sortir son coutelet qui était caché dans son panier et d'un coup planta le bout tranchant du fer dans le larynx de Boubou, puis, très adroitement et sans lever la main, tira le tranchant du coutelet le long de son ventre. Il ne pouvait plus crier, car il était éventré, et toutes les cordes vocales étaient coupées dans le larynx. Puis, Faatouma se mit à découper des morceaux de chair partout dans le corps de Boubou. Elle mélangea ensuite la chair de Boubou avec la viande de l'animal abattu qu'elle devait préparer. Elle prit soin de couper expressément les organes génitaux de Boubou qu'elle mit dans la sacoche du cheval. En fin, elle fit cuir le repas et le mit dans des récipients traditionnels appelés 'kokondos' qu'elle ferma soigneusement.

Après avoir fini de préparer le repas, elle se lava proprement et mit les vêtements de Boubou. Elle mit son panier vide à l'intérieur de la pièce à côté des restes de Boubou. Ensuite, elle ferma la porte de la pièce à clé. Puis, elle alla détacher le cheval de Boubou qu'elle sella et mit les harnais, les brides et les rênes avec tout l'équipage complet, et s'en alla.

Le lendemain, les amis et proches de Boubou s'empressèrent de venir pour le festin. Sans se faire inviter, ils se ruèrent sur les 'kokondos' et se servaient en plongeant les mains dans les récipients et, debout, se mirent à croquer des gros morceaux de viande. Certains faisaient des commentaires et compliments :

- Ouŋ! La viande de ce morceau est plus douce que le premier morceau que j'ai croqué!

- Hé-i ! Toi-là, on dirait que tu n'as pas mangé du tout hier soir ! Comment est-ce que le même animal peut avoir des morceaux de viande plus doux les uns que les autres ?

Pour confirmer ce qu'il disait, il passa le morceau à d'autres personnes pour le gouter :

- Pourtant, c'est vrai ce qu'il dit !
- Wallaahi c'est vrai ! Ça c'est vraiment doux !

Le griot de Boubou était le dernier à venir. Deux amis sincères ont toujours des mauvais pressentiments quand un malheur arrive à l'un d'entre eux. Le griot eut des mauvais pressentiments et dit aux autres :

- Vous qui êtes en train de manger tranquillement, avez-vous tenté de réveiller les mariés ?

On lui répliqua :

- Pourquoi devrions-nous réveiller deux jeunes gens qui se sont enfermé seuls dans une pièce depuis hier soir ? Laissez-les, ne les dérangez pas !

Le griot alla frapper à la porte, mais personne ne répondait. Il continuait à frapper de plus belle, en vain. Inquiet, il défonça la porte et entra dans la pièce. Voyant le corps mutilé de son ami qui gisait, il cria de toute sa force. Tous les autres le rejoignirent vite dans la pièce et chacun poussait un cri de détresse en voyant l'horrible scène. Certains se mirent à cracher, d'autres à vomir. Ils étaient certains maintenant que c'était la chair de Boubou qu'ils avaient mangé. Soudain, tout le village fut sens dessus dessous, bouleversé et attristé par la mort tragique de Boubou M'Barké.

Proches et amis de Boubou se lancent à la poursuite de Faatouma

Samba Ardo était un brave jeune homme très célèbre qui était venu s'installer dans le village de Boubou M'Barké. Il avait une très bonne réputation dans le village, mais il était considéré par certains comme un simple étranger, d'autres voyaient en lui le principal rival et concurrent potentiel de Boubou M'Barké aux prochaines élections de chef de village.

Tous les proches et amis de Boubou, petits et grands, décidèrent soudain de se lancer à la poursuite de cette jeune femme qui avait tué leur frère et ami. Ils se mirent tous en route ensemble à dos de cheval. Certains n'avaient même pas pu mettre les selles, d'autres n'avaient aucune arme dans leurs mains sauf les brides des chevaux.

Samba Ardo était le seul qui s'était préparé en apportant armes et fétiches avec lui, car, disait-il, on ne devrait pas poursuivre quelqu'un qui avait commis un meurtre les mains vides. Quelqu'un qui avait commis un meurtre et s'était enfui ne pouvait jamais être sans défense, même si c'était une femme.

Faatouma Ardo était en train d'aller au galop, accélérant les pas de Barawal.

«On ne doit pas sous-estimer la fille d'un Ardo parce qu'elle est de la gente féminine. Les enfants des Ardos sont comme les arrêtes saillantes d'un poisson que personne ne s'avise d'avaler parce qu'elles sont petites. Celui qui sous-estime les arrêtes d'un poisson parce qu'elles sont petites peut essayer de les avaler, ainsi il saura qu'elles ne sont pas petites.»

Les premiers qui apercevaient Faatouma se mirent aussitôt à la héler :

- Ehey ! E-e-hey ! Billa hallazi tu sauras que tu ne peux pas tuer notre frère et t'enfuir!

Faatouma stoppa Barawal pour les attendre. Elle attendait toujours jusqu'au moment où le premier s'approcha suffisamment d'elle. Alors, elle tira sur les rênes du cheval en marche arrière jusqu'à ce que Barawal se dressa sur les pattes postérieures, puis lança l'animal au galop tout droit vers la personne qui venait. Ensuite, elle lui propulsa une flèche. Ce dernier se mit à crier :

- Hey-hey ! Arrête ! Arrête ! Mon Dieu ...! Ya-ya-ya-ya! Elle m'a tué !

Ainsi, la personne tombait du cheval et se sauva en courant, la flèche dans le corps.

Elle continuait ainsi à transpercer ses poursuivants jusqu'au dernier et ses flèches ne rataient aucune cible.

Ils retournèrent tous à pieds et avec des blessures sauf Samba Ardo. Ce dernier continuait à suivre les traces de Barawal au galop.

Faatouma arriva sous un grand 'douweyy □aa[12]'. C'était sous le même arbre que Boubou M'Barké s'était arrêté pour se laver après avoir tué le cheval de Hammadi Ardo et

[12] Un arbre fruitier du terroir.

violé Faatouma. Elle se mit sous l'arbre et descendit du cheval, puis attacha les brides de l'animal sur le tronc de l'arbre. Ensuite, elle s'assit, se déshabilla à moitié et se mit à enduire le corps, les pieds écartés. Quand Samba vint près d'elle, il lui dit :

- Lève-toi et monte sur le cheval. Tu vas subir le même sort horrible que tu as fait subir à mon ami !

Faatouma éclata d'un rire sournois et dit :

- Wallaahi, Samba Ardo, c'est vrai que le bien se paye toujours par le mal. Celui-là pour lequel tu risques ta vie et la vie ton cheval, si tu étais mort à sa place, il s'en réjouirait et passerait toute la journée à fêter ta mort, car il te détestait et tu le savais très bien. L'étranger apprend dans un village des choses que les autochtones ne savent pas.

Samba sauta du cheval et se tint sur ses pieds, puis dit :

- Moi, vraiment, que vais-je te dire, ma sœur ?

Faatouma continua à tendre son piège :

- Moi, je suis une étrangère dans ce village tout comme toi. Ni ton père, ni ta mère ne résident dans ce village. Tu n'as ni frère ni sœur ici. Je suis arrivée ici toute seule tout comme toi. Alors, après mes sept jours de noce, j'ai réalisé que l'époux idéal que je cherchais n'était que toi parce que, au cas où je me disputerais avec Boubou, ses parents allaient me tuer dans ce village, et je n'ai personne ici qui pourrait prendre ma défense. Tu as vu ce que j'ai fait à ceux qui me poursuivaient. Je suis une fille d'Ardo. Je savais que tu allais me trouver ici. Moi, je ne te combats pas. Tout ce que j'ai fait, je l'ai fait pour que nous nous retrouvions seuls ici. Alors, c'est toi qui connais mieux que moi le terroir, je te suivrais là où tu décideras. Mais, j'étais quand même très surprise de t'entendre me dire de monter sur le cheval pour que vous me fassiez subir le même sort que ton ami. C'est ton ami ? Qu'y a-t-il entre vous ?

Samba Ardo s'assit et posa les pieds sur elle. Puis il dit :

- Tu sais, ma sœur, tu as vraiment raison ! Si c'était moi qui étais mort à sa place, il s'en réjouirait beaucoup !

- Tu ne sais pas tout sur lui. Mais moi, j'ai tout appris à propos de toi. C'est à cause de ta réputation dans le village qu'il te détestait autant !
- Wallaahi, tu as raison ! tu sais, maintenant ... je ... je...

Il commença à caresser les épaules de Faatouma. Quand ses mains arrivaient au niveau des seins, Faatouma fit un mou et dit :

- Sabi Allah! Ala-kamaa, a too saa!
- Tu sais, c'est vrai, c'est moi qui connais le terroir. Et je connais un bon endroit où nous pourrons aller habiter ensemble. Mais, tu sais..., comme on est très fatigués tous les deux maintenant, alors ... tu sais, on peut se reposer quoi !

Faatouma lui dit :

- Regarde, ceci est la bouilloire de ton soi-disant ami qui est accrochée sur le cheval là. Prends-la et vas nous chercher de l'eau là-bas au fleuve. N'aies aucune crainte! Et puis, je ne suis qu'une femme ! Et à part Dieu, il n'y a que nous deux seulement ici. Donc, on a tout le temps pour se reposer avant de partir, je t'assure!

Rassuré, Samba Ardo donna à Faatouma les brides de son cheval. Ensuite, il prit la bouilloire et s'en alla au fleuve chercher de l'eau. Le fleuve était très distant de l'endroit. Quand il s'était suffisamment éloigné, Faatouma se leva et s'habilla. Elle mit tout le nécessaire. Ensuite, elle attacha les brides du cheval de Samba Ardo à la selle de l'autre cheval. Elle attendit encore que Samba fût entré dans l'eau. Celui-ci se baissa dans l'eau et remplit la bouilloire, puis posa le récipient sur ses lèvres pour boire. Ce fut à ce moment que Faatouma donna un coup de fouet aux chevaux. Ensuite, elle le héla et lui dit :

- Samba Ardo !
- Naam !
- Si tu veux une femme, va donc chez-vous à la maison!

Ceci n'était qu'une insulte. Car, quand une femme dit à un homme 'd'aller chez-eux s'il veut une femme', elle lui a ainsi insulté la mère selon notre entendement.

Il garda l'eau dans sa bouche, ne sachant plus s'il devait la boire ou la cracher. Il dit :

- Hé-i ! Mon cheval ! A boori ! Si tu emmènes mon cheval, je te trouverai et te ...Laa ilaaha ilallaahou Mahammadou rassoulillaahi ! Woykayna harmalemmo ! C'est moi que tu trompes ainsi !

Elle s'en alla sans l'écouter. Mais lui, il continuait à vociférer tout seul :

- Hé-hé-i ! Mon cheval, si tu l'emmènes, je te ... Woykayana harmalemmo, Hé-i !

Un 'hé-i' ne peut pas ramener un cheval qui a été détourné.

Faatouma s'en alla, emportant les deux chevaux.

Samba monta sur la berge laissant la bouilloire dans l'eau. Il revint sous l'arbre et y trouva une lionne. La lionne vint des buissons voisins. Elle avait mis bas il y avait trois jours, et depuis elle était restée auprès de ses petits et n'avait rien mangé. Alors dès qu'elle vit Samba, elle se précipita sur lui :

Vite, Samba et la lionne se précipitèrent sur l'arbre. Au moment où Samba commençait à grimper sur l'arbre, la lionne le saisit par les pieds. Et soudain, un mélange de sang et de déchets nauséabonds jaillissait du tronc de l'arbre. Est-ce difficile à deviner des deux de qui cela pouvait venir ?

Faatouma apporte le cheval de Boubou avec ses organes génitaux

Le soir, Hammadi Ardo était assis sous l'ombre des murs de sa maison. Son griot lui jouait du 'gaatchi[13]'. Ses amis et sympathisants étaient assis autour de lui.

Faatouma ardo arriva en fin au village, à dos de Barawal trainant le cheval de Samba Ardo.

Les proches et sympathisants de Hammadi étaient venus présenter leurs condoléances et observer le deuil de son cheval bienaimé. Quand Faatouma fut près de la demeure, elle serra les harnais et tira les rênes du cheval. Ensuite, elle lança Barawal au galop dans la cour, puis tira sur les rênes pour l'immobiliser. Soudain, Hammadi se tint debout et dit :

- Poutcho'o an min anni ! (Voici mon cheval !)

On lui répliqua rapidement :

- Hekkaye ! Ton cheval, c'est toi qui l'as enterré ici !

---

[13] Musique traditionnelle

- Wallaahi, ils se ressemblent beaucoup!

Personne ne savait que c'était Faatouma Ardo. Elle portait des vêtements d'homme. Elle avait des gris-gris d'homme et avait une lance de guerre. Elle immobilisa le cheval devant la petite assemblée et dit :

- Hammadi Ardo !
- Naam !
- Salaamou aleykoum !
- Aleykoumma salam !
- Chers frères musulmans, assalaamou aleykoum !
- Aleykoumma salam !

Elle dit ensuite :

- C'est moi, Faatouma Ardo. Je suis de retour. Le jour où j'étais partie de là, ce n'était pas pour me tresser, regardez ma tête. Alors, je vous prie, vous tous présents ici, de demander à mon frère de me pardonner le tort que je lui ai fait à cause de Dieu et du sein que nos deux pères avaient tété. Je ne peux pas réparer ce tort, mais je lui demande sincèrement de me le pardonner à cause de Dieu. La personne qui m'avait trompée cette nuit-là et tué Barawal, c'était sur ce même cheval qu'il s'était rendu ici. C'était donc le propriétaire de ce cheval. Voici ses organes génitaux que j'ai coupés et apportés à Hammadi Ardo. Il va les assécher et les utiliser comme gris-gris, car ils ne seront plus jamais utilisés pour tromper quelqu'un d'autre encore. Voici également son cheval qui ressemble énormément à Barawal. Je l'ai apporté pour remplacer Barawal. Cet autre cheval appartenait à son ami et concurrent, Hammadi peut l'offrir à son griot pour qu'il repose ses pieds. Voici aussi ses vêtements, son bonnet, ses fétiches, sa lance, son épée et tous ses préparatifs.

Faatouma descendit du cheval, se débarrassa des habits qu'elle portait et déposa le butin devant Hammadi et les gens. Ensuite, munie de son 'gandassakou[14]', elle entra dans la demeure de son oncle. Les deux chevaux aussi étaient arrêtés sur place.

Voilà ce qui s'était passé entre Hammadi Ardo, Faatouma Ardo et Boubou M'Barké.

[14] Pagne attaché autour des seins d'une femme qui la couvre de la poitrine aux genoux.

Certains disaient que Hammadi Ardo ne lui pardonnerait jamais le tort. D'autres disaient qu'il devrait lui pardonner. Cependant, nous Mahamane Tindirma, notre vision est la suivante : une femme que j'aime, même si elle a fait cinq maternités, je l'épouserai. Mais, une femme que je n'aime pas, même si elle est vierge, je ne l'épouserai pas. Telle est notre position par rapport à cette histoire, mais Dieu seul sait ce que pense tout un chacun.

NOTES SUR LE CONTEUR MAHAMANE TINDIRMA

1. Qui est Mahamane Tindirma?

Dans la boucle du Niger, à la frontière entre le Mali sahélien et les dunes du sable Saharien, sur la rive gauche du fleuve, entre Tonka (sous préfecture de Goundam) et Diré, se dresse un village célèbre dans l'histoire pour avoir accueilli sur son sol des juifs chassés de la péninsule ibérique vers le VIIème siècle. Ce village s'appelle Tindirma. Fondé par les songhays bien avant l'avènement de l'islam, Tindirma est le premier et le plus ancien village, avec Arham, de toutes les villes et villages de l'actuelle région de Tombouctou. Il fut jadis la capitale provinciale de l'ouest du glorieux et très puissant empire Songhay sous lequel Tindirma avait un 'Koy' (gouverneur) appelé Tindirmakoy à l'instar de toutes les provinces de l'empire. Sous le règne de l'Askia Mohamed (Alhaji Mahamane Asikiya), on peut noter les exploits du Tindirmakoy de l'époque, Amar Kamandjaama, célèbre pour ses expéditions punitives dans l'ouest de l'empire. Il faut aussi noter que, pendant les premières ères de la colonisation, le sol de Tindirma n'avait pas pu être foulé par le colon français qui se contentait seulement d'y envoyer un émissaire local à partir de Goundam. Idem pour Arham. Aujourd'hui, le nom de ce village est lié à celui d'un homme, Mahamane Tindirma (paix à son âme !), c'est-à-dire 'Mahamane de Tindirma'.

Mahamane Tindirma ! Voilà un homme qui n'évoque pas grandchose dans l'univers culturel d'une grande partie de la population du Mali. Pourtant ce 'causeur' sonrhaï a porté haut le flambeau de la culture de la boucle du Niger par une œuvre gigantesque dont se souviennent toujours bon nombre des 'koyraboros' ou 'issaboros', vocables désignant les populations sédentaires riveraines de la partie septentrionale du Mali.

Vous l'avez sûrement deviné, ce Mahamane Tindirma est un conteur songhay, ou sonrhaï (ou koyraboro), ou mieux encore un maître de la parole songhay, ou koyra chiini, le dialecte parlé dans la région de Tombouctou. Mais, Mahamane Tindirma n'est pourtant pas un griot ou un homme de caste comme on s'y attendait. Il est noble, son vrai nom est Mahamane Kantao.

Il est venu à la parole, nous dit-il, par la volonté de Dieu. Jeune paysan se livrant à la pêche, il ramait une nuit sur le fleuve Niger, quand il vit soudain sur la berge des silhouettes assises au tour d'un feu de bois. Grelottant de froid, il accosta et s'approcha du groupe dans l'espoir de se réchauffer un peu. Ensuite, il ne se rappelait seulement que du 'Salaamou aley koum' qu'il leur adressa. Il sombra dans l'inconscience et lorsqu'il se réveilla le lendemain matin, il était tout seul et ne pouvait plus parler. Un mois, il ne pouvait se nourrir d'aliment cuit. Il n'acceptait et ne pouvait supporter que de la poudre de céréale (bita) diluée dans du lait frais ou caillé, la langue lui étant toujours 'confisquée'. C'était donc à une assemblée de djinns qu'il s'était par méprise adressé. Mais, heureusement pour lui, ceux-ci n'étaient pas de plus méchants et finirent même par l'adopter. Car, durant tout le temps où il était sujet à cette 'maladie', il continuait à converser avec ses nouveaux amis les djinns. 'Ce sont eux qui me racontèrent tout ce que je dis aujourd'hui dans les cassettes', nous affirme- t-il. Ses nouveaux amis lui recommandèrent également de se confectionner une petite guitare monocorde appelées 'koubour' dont il allait avoir besoin plus tard. C'était un des ses oncles qui, apprenant qu'il était possédé par les djinns, vint le délivrer.

Passant pour être celui qui connait les noms de toutes les mares où résident des djinns, Mahamane Tindirma prit l'habitude de faire leur apologie au cours des danses de possession ou 'hollo-horays'. Mais la fréquentation, par trop, lui-dit-on, de ces hollo-horays' risquait de le remettre, et cette fois-ci pou toujours, entre les mains des djinns. Prenant alors peur, il abandonna cette pratique dangereuse et se mit à raconter des histoires. De son village natal Tindirma, la renommée de Mahamane Tindirma déploya bientôt des ailes. Des séances de récitals circonstancielles (mariages, baptême, circoncision), il commença à voyager, sollicité qu'il était partout dans la boucle du Niger.

Puis, les cassettes où il entreprit d'enregistrer ses histoires se multiplièrent grâce au soutien de son ami et 'producteur' Samba Afo Mahamane Galo. 'Personne ne me les a apprises, je n'ai eu ces histoires ni de mon père, ni de ma mère, elles me viennent comme ça, sous une inspiration subite', affirme-t-il. Et il ajoute : 'voyez-vous, les mystères de la vie sont innombrables et chaque homme, sur cette terre, est destiné à quelque chose qui le dépasse'.

Devrions-nous prendre ces propos comme parole d'Evangile ou y voir le désir d'envelopper un talent inné de 'parleur' par un zeste de mystère? La question de l'origine humaine ou non de ces contes, de ses contes plutôt, n'est assurément pas la plus importante. Et comme derrière tout bon conteur se cache un voleur de contes... Les fables de la Fontaine lui avaient été racontées par un conteur d'origine africaine. Les contes de Birago Diop sont des contes populaires africains.

2. L'œuvre de Mahamane Tindirma

Décédé en 1993 des suites d'une longue maladie, Mahamane Tindirma, paix à son âme, n'est plus à présenter, car, grâce à ses nombreux contes et récits bien articulés dans une langue songhay authentique et sans mélange (l'homme n'a jamais été à l'école du blanc), ce grand orateur très éloquent et grand connaisseur de l'histoire du pays est connu partout dans les communautés songhayphones du Mali, du Niger, du Sénégal, du Ghana, du Benin et ailleurs.

Ainsi, l'œuvre gigantesque de Mahamane est aussi riche que variée : en plus de nombreux contes et récits courts sur les animaux, les djinns et autres créatures, on peut noter d'intéressantes histoires et événements réels comme par exemple les histoires de Maka Booté, Féto Oolé, Hambodédjo, Djalaadjo et Boubou Ardo Galo, Faatuma Ardo, Hammadi Sina, Haaruna Diarra, Fanta Araabo, Kolikoli, Deera, Hammadi Mosor, Teera Hamma Kaasi, Alhaji Seeku Oumar Tijaani, Oumar Well de Bandiagara, Djibo, l'histoire de la Dina de Sékou Aamadou Hammadi Buubu de Hamdallaahi, la bataille de Tooya Farrou près de Tombouctou, le récit du fameux pèlerinage d'Askia Mohamed et tant d'autres.

La plupart de ces récits sont en réalité des histoires 'croyables' puisque ce sont des événements contemporains situés dans le temps et l'espace, connus et vécus de bon nombre de la population locale. Ces récits ont été pour la plupart écrits et conservés en langue arabe dans des manuscrits des marabouts et lettrés de la place. Mais, d'autres récits ont survécu grâce à la tradition orale entretenue et perpétuée par des grandes familles de griots issues de diverses sociétés africaines. Il faut aussi noter le rôle de la musique traditionnelle africaine comme grand réservoir et 'mémorialiste' des récits et grands événements du passé. Ainsi, pour citer un seul exemple parmi tant d'autres, on peut noter la chanson 'Sassila bama' chantée par le célèbre griot malien Abdoulaye Diabaté, qui est un récit qui relate l'exploit héroïque d'un chasseur Zankè qui, venu de Niamina, délivra les habitants de Sassila de l'anthropophagie d'un homme-caïman. La chanson 'Tamala' évoque les noms des souverains songhays et leurs exploits. Le récit de Bakary Djan et de Bilisi est connu grâce au talent des musiciens et chanteurs.

Cependant, ce qui indubitablement constitue le chef-d'œuvre de Mahamane Tindirma ce sont ses 'histoires de djinns' dans lesquelles il parle ou plutôt innove un langage inédit et méconnu des humains, la 'langue des djinns', dit-il, un vocabulaire impressionnant qui ne tient d'aucune de nos langues ou dialectes de la place, comme :

Beyti n'togo, beyti n'kuuri n'togo ! Beyti

n'togo, beyti n'deera n'togo !

beyti n'togo, beyti n'kelimaatiyan n'togo !

Ou encore :

Souti saafirinte goungo loysouroungou moomadiyon n'fanaa !

Ses contes et récits constituent à la fois une école et une grande bibliothèque. Les auditeurs de Mahamane Adjendjina ont beaucoup appris de lui et continuent d'apprendre en l'écoutant. Car, Mahamane ne fait pas que les égayer par son humour et son art de parler avec un euphémisme remarquable, ou ses propos de «paroles de djinn». Il contribue aussi à l'éducation et à l'instruction de son audience par ses conseils très pratiques, la pertinence des proverbes et adages populaires, exprimés dans un langage accessible à travers les traits caractéristiques de ses personnages de contes, ou d'histoire et événements réels du passé. Cet héritage culturel et linguistiquement très riche qu'il nous a légué mérite donc d'être préservé et conservé comme patrimoine culturel national.

Dr Ibrahima ABDOULAYE, Enseignant-Chercheur au DER-Anglais, FLSL/ULSHB.

Printed by Books on Demand GmbH, Norderstedt / Germany